당신 앞에서는
- 병상의 노래

당신 앞에서는
– 병상의 노래

김창수 시집

문학들

시인의 말

33살에 급성간염 진단을 받은 후, 지금까지 35년 동안 긴 투병의 시간을 견뎌왔다.

간이식, 심장판막, 부정맥, 뇌출혈까지 수차례의 수술을 받았고, 2023년부터는 혈액암 진단을 받아 항암치료를 이어가고 있다.

이 시집 『당신 앞에서는』은 그런 시간 속에서
병상 위에서 한 자 한 자 써내려간 시들을 모은 것이다.
특히 병원에 입원해 있던 시기에 쓴 시들을 중심으로 엮었다.

광주전남대학교병원에서 시작해, 서울아산병원, 여수요양병원,
화순전남대학교병원까지 시기별로 구분해 시집을 구성했고,
마지막 장에는 병원 밖에서 마주친 순간들을 담았다.

이 시집은 지금도 투병 중이거나, 그 길을 지나온 이들과
병약한 몸으로 살아가는 이들이 함께 공감하고
작은 위로를 나눌 수 있기를 바라는 마음으로 펴냈다.

원고를 정리하며 돌아보니, 처음엔 죽음이 두려웠다.
하지만 오랜 시간 병상에서 머물다 보니

죽음이란 단어가 점점 친숙해졌고,
이젠 잘 정리된 책장을 닫는 일처럼 느껴진다.

한 가지 덧붙이자면, 시집의 발문은 보통 문학평론가가 맡지만
이번엔 오랜 친구이자 도반이며 동지인
한면희 철학교수(성균관대 겸임교수)가 써주었다.
그는 저와 함께 녹색대학교를 만들었고, 환경운동을 해왔으며,
같은 기독교 신앙 안에서 삶을 나누며 긴 우정을 이어온 소중한 벗이다.
이 자리를 빌려 그의 정성과 깊은 관심에 진심으로 감사드린다.

또한, 원고를 읽으며 아낌없는 조언을 건네준
아내 김희숙 선생과 김성수 기자, 김경옥 선생, 황경선 원장,
그리고 이 시집을 출판해주신 송광룡 대표님께도
깊은 감사의 마음을 전한다.

2025년 어느 봄날
김창수

차례

4　　　시인의 말

제1부 당신 앞에서는 - 광주전남대학교병원, 2009. 7.

13　　당신 앞에서는
15　　중환자실의 일상
16　　내과 중환자실
17　　중환자실 면회시간
18　　복수腹水
20　　친구야, 너는 외로움이었어
22　　거꾸로 가는 시계
24　　앰뷸런스 소회
25　　친구의 눈물
26　　다시 황룡강에서
27　　병문안 - 안양에서 한방 치료

제2부 새벽이 오는 소리 - 아산병원, 2012. 9.~2013. 7.

31　　아내의 셈법 - 간이식 수술을 앞두고
32　　새벽이 오는 소리
34　　수술 후에 드리는 기도
36　　약한 자여, 그대 행복하다
38　　달리다굼
40　　밥은 하루다

41	응급실의 특권
42	사랑하는 영남아!
44	혈관 조영실의 망상
46	고향
47	귀환의 때
48	복음

제3부 휠체어를 밀어주는 당신 – 아산병원, 2012. 9.~2013. 7.

51	자랑스러운 일들
52	병상에서 이념이란
53	퇴원
54	환생
56	민숙아, 성수야!
58	첫 비행
59	기저귀 사랑
60	한강
62	병상에서 느낀다는 것
63	나를 위해 기도하시는 주님 – 간이식 수술 직후
64	휠체어를 밀어주시는 당신
66	거룩한 눈물

제4부 자기소개 – 여수요양병원, 2023. 3.~6.

71 　자기소개
72 　요양병원에서는
74 　여기가 어디라고
75 　남열 바다
76 　여기 천사가 있습니다
78 　당신께로 가는 길
80 　말을 위한 기도

제5부 눈이 흐린 것은 – 화순전남대병원, 2023. 1.~현재

85 　눈이 흐린 것은
86 　중앙주사실
88 　아플 때만
90 　애도하라 친구여
91 　할아버지 머리가 안경 썼다
92 　드라큘라
93 　저 할머니를 데려가소서
94 　가야지
96 　사랑이어라
97 　이 기쁨

제6부 누구의 죄입니까? - 1994~2017

- 101 레퀴엠 - 어느 목사 어머님 장례식
- 102 기도 - 박종양, 아브라함의 노래
- 105 부처님 오신 날
- 108 누구의 죄입니까?
- 110 너는 - 곽정숙 전도사 1주기 추모시
- 112 희망
- 114 빈 무덤
- 116 유채꽃
- 117 성민아!
- 122 현종아!
- 126 아 짜증나! - 친구 백수정 교수
- 127 탤런트 이주실
- 128 무명들의 넋두리
- 130 화환을 세는 상주
- 131 정의행 법사에게

- 135 **발문** 내 영혼의 벗, 김창수 시집에 부쳐 _ 한면희

제1부

당신 앞에서는

광주전남대학교병원, 2009. 7.

당신 앞에서는

시방 내가 누워 있는 것은
병상인가 칠성판인가

같은 눕는 자리도
산 자가 누우면 병상이 되고
죽은 자가 누우면 그것은 칠성판

여기 내가 누워 있는 것은
병상인가 칠성판인가

호흡이 있으면 그것은 생체
들숨 날숨 없는 몸을 사체라 한다면
목에 깔딱거리는 숨 달고 눕는 자리는
병상일까 칠성판일까

여기 지금 내가 누워 있는 것은
병상인가 칠성판인가

살아 있는 것과 죽은 것이 경계를 잃을 때

주여, 병상도 칠성판도 당신 앞에서는
모두 다 영원한 생명판입니다.

중환자실의 일상

시인이
죽어가는 아내를 보고 시를 쓴 것이
젊은 날은 그리도 걸리더니만

신음 소리 미세해져 가며
숨 놓아가는 아내를 보고
천형처럼 떠오르는 시상이 얼마나 아팠을까

자식 죽음 앞에서도 밥은 넘어가고
중환자실 산소호흡기 아래서도 시가 익는데
그것이 사람이며
살아냄인 것을!

내과 중환자실

병상이 통째로 빠져나가는 것은
두 길 중 한 길을 가기 위함이다.

간호사들 발걸음이 분주해지고
주치의 숨죽이며 나타나면은
산소마스크 호흡 줄은 거두어지고
화장터 연기는 피어오른다.

시도 때도 없이
하루에도 몇 번
중환자실 병상은 치워지고 채워지고
마침내 회복실과 영안실이
경계를 잃을 때

다만 20년에 걸쳐 반복되는 이 지루한 놀이를
주여, 하루라도 빨리 마치게 하소서!

중환자실 면회시간

나의 하루는
오전과 오후 30분씩 한 시간이다.

송곳니 두 개만 남은 홍살미 이빨처럼
나의 하루는
간격을 멀리한 두 개의 막대 그래프이다.

기억에 없는 것을
굳이 존재한다고 말하지 않는다면

그래프 하나에는
아내와 아이들과 그리움이 일렁이고
나머지 하나에는
이제껏 나눠 온 말들보다 더 진한 이야기가 있다.

복수腹水

잉태한 여인의 배만 불룩한 것이 아니다.
간경화 합병증으로 풍선처럼 부풀어 오른 배는
생명이 꺼져가며 배 속에 흘린 눈물

호흡이 가빠져서
일어서기도 어렵고 걷기도 힘들어질 때
배에 주삿바늘 꽂아 물을 빼고서야
호흡을 잠시 잠깐 가다듬지만
이렇게 살아야 하나
노여움이 정수리까지 치솟아 오른다.

많이 먹어 불룩한 배
배고파서 물로 채운 헛배
불룩한 배 여기저기 지천이지만

임신한 여인의 배가
아이를 낳고 미소 지을 때
꼬맹이들 장난삼아 개구리 배 속에 바람 불어넣어
몸부림치며 죽어가는 개구리처럼

간경화 배불뚝이는
차오르는 복수 속에서 서서히 익사해 간다.

친구야, 너는 외로움이었어

사는 것이 참 외로워
사는 것이 차암 외로웠어
선생님은 어때?
난 외롭지 않아
다만 슬플 뿐이야
내 삶의 정조는 슬픔이었어
너와 나는 대화를 나눴지만
내용은 각자의 방언이었어
네가 너를 말하고 있을 때
나는 나를 말하였어

너의 외롭다는 말을 곱씹어 보면서
네 마음에로 시선을 집중할 순간에
내 감정은 어떤 상태인가만 곰곰이 생각하다가
슬픔이라는 표 딱지를 찾아낸 거야
그래서 너는 더욱 외로워졌어

별거하며 아이들과도 떨어져 살면서
자궁암과 임파선 암 판정 받고서

무서워 친구야, 나 좀 보아줘
죽고도 싶고 살고도 싶은 마음 종잡을 수 없지만
죽는 것은 분명히 외로울 거야

바다에 가고 싶어
무창포 바닷가에는 죽어서 갈 거고
무안 어느 해변에 서서
지는 햇살에 반응하는 윤슬이고 싶어
네 죽음이 확연해서야 나는 내 슬퍼함을 내려놓고
뼛속까지 스며 있는 네 외로움을 보았어
네가 쓸쓸한 미소로 사그라져 가는 것을 보았어

그런데 나는 다시 네 외로움을 놓친 나를 슬퍼하다가
또다시 너의 죽음만 슬퍼하였어
친구야 너는 정말로 외로움이었어

거꾸로 가는 시계

폐동맥 경색과 폐출혈로 인한 급성 폐렴
애교로 더해진 늑막에 염증
중환자실 24시는 그렇게 시작되었지

피를 멈추자니 폐동맥이 더 막히고
폐동맥 막고 있는 혈전을 녹이자니 지혈이 잘 안 되고
의사들 우왕좌왕 고민은 깊어갔지

마침내 동맥을 구하고 출혈은 우연에 맡기니
그 도박 성공하여 혈전도 조금 녹이고 출혈도 멈추어
그 길로 일반 병실 한시름 놓았더니만

간 여전히 염증에다 반쯤은 굳어 있고
심장은 부정맥과 승모판 협착증
위와 신장이라고 말짱할 수 있을까
골다공증, 신장의 돌 등은 말 꺼내기도 민망한데
의사들 전공별로 연구 정신에 빛이 났지

여기서 쑤시고 저기서 빼고

약은 분야별로 합하여 기본이 열 개
불편하다 말 한마디 보탤 때마다 몇 알씩 추가
만 하루 일반 병실은
거짓말처럼 생명을 해체시켜 갔지

혀는 갈라지고 자두 빛으로
유기물 하나 넘기면 위가 치받고
잘 타고 난 장작더미 풀썩 무너지듯
몸이 한꺼번에 와르르 무너졌지

몸도 기계처럼 부품의 총합에 불과하다고
배운 대로 믿고 실천하는 의사들에게
내 몸은 애시당초 맡기지 말았어야 했는데
일반 병실 24시는 무간지옥이었지

앰뷸런스 소회

사이렌 소리 밖으로 요란하지만
차 안의 시간은 멈춰져 있다.
세레스 트럭보다 못한 충격완화 장치와
총알택시보다 더 빠른 자동차 안이지만
간호보조원 졸음에 겨워 고개를 꾸벅이고
앰뷸런스 차 안은 응급 상황이 전혀 아니다.
의식 아득한 환자는 시간을 놓은 지 오래
간혹 들리는 아내의 기도 소리가
그나마 현실과 비현실의 경계를 알려준다.

친구의 눈물

자네가 이러면 안 되지
지혜학교 만드는 일 벌여 놓고
아니 되네 이 사람아
주름살투성이의 꾸밈없는 내 친구야

친구 종양이를 암으로 보낼 때
우리 함께 흘렸던 그 눈물을
또다시 흘려야 하느냐고
울음 삼키는 내 친구야

자네가 살아서 광주로 다시 올 수 있을지
망연자실 발만동동 구르는
아주 오래된 내 친구야
붉은 눈의 내 친구야

다시 황룡강에서

유년의 겨울
일곱 살 친구를 보낸 후
겨울이 오기 전
다시 찾고 싶던 이 자리
이제야 황룡강 네 앞에 섰구나
플라타너스 나무 이파리 다 떨구고 겨울 앞에 섰는데
저승 문턱 넘나들며 꼭 다시 서고 싶던 이 자리
겨울이 오기 전 네게로 돌아왔구나
지는 해 뉘엿뉘엿 아직은 서산에 걸려 있고
강물은 차가움으로 나를 거부하지만
이제는 바라만 보아도 충만한 강
살아서
다시
황룡강
네 앞에 섰구나!

병문안
- 안양에서 한방 치료

마음 내어 시간 내어
찾아온 방문객들도
아픈 것, 눕고 싶은 것 내색 않고서
고맙고 고맙다고 고맙다라고
마음 다해 말하기 어렵습다.

조각 시간, 맞춤형 시간
방문객 본인에게 맞게 고른 시간으로
눕고 쉬고 싶은 시간, 치료 시간 어긋날 때에
고맙고 고맙다고 고맙다라고
말하기는 더더욱 어렵습다.

차라리 당신 같은 복합형 중환자를 살려낸
그 중의사를 소개해달라고
온갖 성인병 호소하며
치료차 찾아온 그대가
얼마나 힘이 들까 깊이깊이 헤아려집다.

제2부

새벽이 오는 소리

아산병원, 2012. 9.~2013. 7.

아내의 셈법
– 간이식 수술을 앞두고

수술 도중 사망 확률 이삼십 퍼센트!
네 사람 중 한 사람이나 죽는 수술을 할 수가 없다고
의사는 난색을 표하며 안타까워하지만
아내는 칠팔십 프로나 살 확률이 있다고 희색이 만면하다.
네 사람 중 세 사람이나 산다니
당신은 거기에 속하니 수술 길 부활의 길 잘 다녀오란다.
당신 깨어날 때까지 온 무릎으로 기도할 터이니
부족한 확률은 충분히 메우고도 남는다고
백 프로를 넘는 확률은 다른 환자들과 나누겠다며
새로운 셈법 만들어 아내는 환하게 웃는다.

새벽이 오는 소리

김창수님 피 좀 뽑을게요
새벽 세 시면 어김없이 들리는 인턴 목소리
3월의 환자는 긴장된 상태로 엉거주춤 팔을 내민다
인턴 처음 맡아 하는 피를 뽑는 일
한 번, 두 번, 심하면 네 번까지도 혈관을 찾지 못할 때
환자의 비명 소리가 당황한 인턴에게는 들리지 않는다

간호사에게 뽑게 해요!
의사인 것이 의사도 아닌 것이
머리로 살아온 인턴들이 몸으로 하는 일들도 잘한다 믿고
과업 달성을 위해 한 번 더 찌르려 할 때
환자의 목소리가 더욱 커진다
간호사 불러주라니까!

잠은 달아나고
새벽은 어이없이 이렇게 온다
더욱이 비 내리는 새벽이면
기임-차앙-수우-니임 하면서
병상 커튼을 살짝 들추고

소리 죽여 나타난 긴 머리의 인턴 목소리는
6인 병실 환자 모두의 새벽을 두려움으로 떨게 한다

수술 후에 드리는 기도

수술 후에 기도하는 복이 있도다.
너희가 주변 사람들을 기쁘게 할 것이기 때문이다.
수술 후 방귀를 뀌는 사람은 행복하다.
너희가 금식하지 않아도 될 것이기 때문이다.
수술 후 대소변을 잘 눌 수 있는 사람은 행복하다.
너희가 이뇨제를 먹지 않고 관장을 안 해도 될 것이기 때문이다.
수술 후 대소변을 가릴 줄 아는 사람은 행복하다.
너희가 간병하는 이의 수고를 덜어줄 수 있기 때문이다.
수술 후 혼자 일어서서 걸을 수 있는 사람은 행복하다.
너희가 휠체어 부양을 받지 않아도 될 것이기 때문이다.
수술 후 잠을 잘 자는 사람은 행복하다.
너희가 수면제를 먹어서 신경체계에 교란이 오지 않아도 될 것이기 때문이다.
수술 후 말할 수 있는 사람은 행복하다.
너희가 주변 사람들에게 고맙다고 말할 수 있기 때문이다.
무엇보다 수술 후 무릎을 꿇을 수 있는 사람은 행복하다.
너희를 돕는 이들을 위하여 기도할 수 있기 때문이다.

수술을 받은 자여, 기뻐하고 감사하라.
수술을 받을 수 있는 것이 얼마나 큰 축복인지 알라.
수술은 너희를 새로운 사람으로 만드는 사건이며
너희를 자기 성찰로 이끌 것이기 때문이다.

다만, 수술을 받은 자여!
극심한 통증이 밀려오거든 입 크게 벌려 기도하라.
고통은 인내를 인내는 소망을 낳으니
수술대에 누워서 가졌던 그 빈 마음으로
수술도 하기 어려운 환자들을 위해 기도하라.
그것이 곧 너희에게 주어진 은총이다.

약한 자여, 그대 행복하다

몸이 약한 사람은 행복하다.
너희가 약한 존재와 함께 살 수 있기 때문이다.
치료를 받은 사람은 행복하다.
너희가 감사할 수 있기 때문이다.
수혈을 받은 사람은 행복하다.
너희 속에 타인이 함께 살 수 있기 때문이다.
장기를 이식 받은 사람은 행복하다.
너희가 이식 받은 자의 마음으로 살 수 있기 때문이다.
경제적 도움을 받은 사람은 행복하다.
너희가 어려운 이를 도울 수 있기 때문이다.
몸이 아파 중보기도를 받은 사람은 행복하다.
너희가 아픈 이를 위해 기도할 수 있기 때문이다.
몸이 회복된 사람은 행복하다.
너희가 아픈 이를 위해 많은 일을 할 수 있기 때문이다.
무엇보다 자신의 상태가 어찌하든
그것이 자신이라는 것을 수용하는 사람은 행복하다.
너희가 뭇 조건에서 자유로운 사람이 될 수 있기 때문이다.

도움을 받은 자여, 기뻐하고 감사하라.
도움을 받은 것이 얼마나 큰 축복인지 알라.
도움을 받음은 너희가 자아를 겸허하게 내려놓고
너희를 빈 마음으로 이끌 수 있기 때문이다.

다만, 도움을 받은 자여!
너희가 받은 도움으로 인하여 부채의식에 괴로워하지 마라.
그것은 너희가 도움 준 사람의 행위를 모독하는 일이기 때문이다.
너희도 어려움에 처한 사람을 돕고 싶은,
그 마음으로 사는 것이 곧 변제임을 알라.
마침내 도와주는 자와 도움 받는 자를 나누는 것을 멈추고
도움을 주는 자와 도움을 받는 자가 다르지 않음도 알라.
그것이 너희가 하나님과 합일을 이루는 길이다.

달리다굼*

달리다굼
일어나라
당신의 음성

달리다굼
일어나라 일어나 걸으라
당신의 명령

내가 어둠일 때
들려오는 당신의 다급한 음성
달리다굼
일어나 깨어서 걸으라

강물처럼 흐르는 눈물
이제 다시는 뒤돌아보지 않으리라
오직 당신을 향한 눈만 남기리라
달리다굼
당신만을 따라 가리라

* 달리다굼(Talitha Koum) : 아람어로 '소녀야, 일어나라.'는 뜻이다. 가브라 쿰 (Gavra qum!)은 '남자야, 일어나라.'다. 일반적으로 사람을 지칭하는 것으로 '달리다굼'을 사용하는 예를 따른다.

밥은 하루다

밥이 왔다.
아침 7시 30분
병상 6개에 6인이
식탁 앞에 각기 앉아 있다
경건의 시간이다
병실에 고요가 찾아오고
밥 모심의 제사가 치러진다
밥이 늦게 오는 것도
착오로 오지 않는 것도 결코 허용될 수 없다
'추수감사절 칠면조' 역설 같은 불경스런 생각은
결코 생각이 나서도 안 된다.
온 정성을 다해 밥을 모셔야 한다
병상의 하루는 '밥모심 예식'으로부터 시작된다
환자에게 밥은 하루다

응급실의 특권

아픈 사람이 하도 많아서 응급실도 줄서기이다.
나면서부터 아픈 것이야 가슴이 아프지만
몸을 함부로 써서 생긴 줄이 한쪽에 있고
교통사고, 중독사고, 자해사고, 폭행사고, 약물사고와
온갖 질병으로 생긴 줄도 길게 늘어서 있다.

의사 간호사 이리 뛰고 저리 뛰고
환자는 서로 자신이 가장 위급하다고 소리치지만
곧 숨넘어가는 환자가 아니면 응급실 병상이 비기까지는
한쪽에 조용히 찌그러져 있어야 한데

다행인지, 불행인지 혈압이 아주 낮아서
직행으로 응급실 침대에 오른 나는
그것이 위급상황임을 잊고서,
특권이라는 것이 이런 것이야,
의기양양하게 응급실 병상에 버젓이 누워 있다.

사랑하는 영남아!

친구 김병학 목사가 눈물 삼키며
뭣하고 동네 병원 다니며 이 지경까지 왔느냐 할 때
함께 듣던 네가 그 자리에서
선생님, 제 간으로 살아주세요!
영남아, 네가 그렇게 물꼬를 텄구나.

세상에 태어나 중학교 때 처음 들어 본
"영남아, 너 참 예쁘다"
나도 잊은 내 말 한마디가
네가 세상을 희망으로 살 힘을 주었다는데
다시 살아서 네게 또 다른 선생 되어달라고
그렇게 영남아 네 바람이 나를 살려냈구나.

일찍이 예수가 내 안에 산다고 믿었지만
내 고백은 늘 허공을 치는 메아리였는데
이제 네가 내 가슴과 귀에 살아 있고
간 주어 나를 살린 둘째 아들 바우가
내 몸과 마음으로 하나 되어 살게 되었으니
이제 정말로 나는 나이로되 내가 아니로구나.

영남아, 아직도 모자란 지혜와 가슴은
나 아닌 것이 아무것도 없는 길을 좇다가 보면
네 바람 내 바람이 하나가 되겠지.

혈관 조영실의 망상

사람은 없고 숫자만 남은 혈관 조영실을 아시나요?
하나 남았나, 두 개 남았나?
하나요 대답은 어정쩡하지만
두 개요, 대답은 거침없는 곳

사람은 없고 숫자만 남은 혈관 조영실을 들어 보셨나요?
심혈관 시술과 간 조직 검사를 하는데
대상이 사람임을 연상케 하는 단어는 어디에도 없고
더욱이 점심 식사도 하지 못하고 시술을 하는 의료진에게
환자가 숫자화 되지 않기를 바라는 것은 과도한 욕심인 곳

두 개 남았어요
빨리 해치우고 점심 먹으러 가요와 동일한 의미로 쓰이는 말에
결코 노여워하거나 슬퍼하지 맙시다
의료진들 마음도 너그럽게 헤아려지니까요

당신은 한 번도 타인을 사물로 대하지 않았나요?
아내와 자식들 그리고 친구와 동료들을

때로는 사람을 사물로 헤아리는 것도 필요하다지만
의사들에게도 가슴은 있답니다.

조금만 참으면
이동침대를 타고 시술실을 나오면
당신은 '한 개'에서 '하나'로, 한 명으로 회복된답니다.

고향

어려서는 엄니만 고향인 줄 알았다.
탯자리야 떠나면 그만이지만
엄니만은 영원히 함께할 고향인 줄로만 알았다

사는 것이 괴로울 즈음에는
예수를 고향으로 만났다
이러저러한 번뇌를 태우고 나를 죽이라는 그분 말씀에
아하, 여기가 돌아갈 고향이로구나
가슴에 새기고 몸에 새기고 영혼에 새겼다

30년 투병 생활에서는
죽살이도 고향임을 알았다
장기를 주고받고
사랑을 보태고 빼고
그것이야말로 고향이었다
내가 죽어 네가 살고 네가 죽어 내가 살고
죽어서 사는 것이 참 고향인 줄을 알았다

귀환의 때

식욕 돌아오고
성욕 돌아오고
활자욕에 이어서
리듬이 고프고
세상으로 나가 놀고자 하는 마음
이게 바로 귀환의 때이지

복음

수술 가능!
그 소리가 이 교수에게는 복음의 소리였다

간암 말기 합병증으로
이 병원 저 병원 옮겨 다니며 수술 불가 판정 받다가
수술 가능하다는 그 한마디 듣고자
행여나 하고 이곳 아산병원까지 와
그가 들은 천둥 같은 목소리
수술 가능합니다!

수술 결과야 다음으로 치고
이미 수술을 받아 완치된 것처럼
수술 가능하다는 의사 말에
이제 시작이라는 것을 아는 환우들도
마음 담아 함께 축하 중이다

제3부

휠체어를 밀어주는 당신

아산병원, 2012. 9.~2013. 7.

자랑스러운 일들

방귀 뀌셨어요?
식사하셔도 되요
어렸을 때 엄니 이후로
내 방구를 반가워하는 이들이 여기에 있다

소변은 잘 나오고요?
시원하게 60도 각도로 치솟는 오줌 줄기를
흐뭇한 눈으로 바라보던 아버지 말고
오줌 잘 싸는지 물어보는 이들도 여기에 있다

변은 잘 누시지요?
의사와 간호사는 아이 취급하지만
환자는 그것이 오히려 반갑기만 하다
엄마에게 대소변 보는 것을 자랑하는 아이처럼
환자는 간호사와 의사에게 낱낱이 자랑질이다.

병상에서 이념이란

자본가들은 의료민영화 실시하자 하고
보수는 4대 중증질환 중 특정항목에 대해서만
환자가 5%를 부담하도록 하겠다는 것이다.

개혁은 연간 상한액을 넘는 의료비까지 국가가 감당해야 한다고 주장하고
진보는 무상의료 실시하자면서
상속세를 잘 걷으면 재원은 충분하단다.

수구는 불평등은 팔자소관이라 하고
보수는 불평등을 증세 없이 개선하자고 하는데
이상은 파멸을 낳기 때문이란다

개혁은 자유를 정의로 믿되
불평등을 증세로 메우자 말하고
진보는 평등을 정의로 믿고 세제를 근본적으로 바꾸자 한다.

퇴원

주삿바늘 하나에도
신경이 온통 쏠릴 때
퇴원의 시간은 그렇게도 오지만
이곳저곳 주삿바늘에 무시로 찔려도
신경이 전혀 쓰이지 않을 때
퇴원의 시간은 이렇게도 온다.
가고 싶은 곳 만나고 싶은 사람
먹고 싶고 하고 싶은 일
마음껏 하라는 주치의 말뜻을
저 벽창호마저도 알아들을 수 있게
퇴원의 시간은 이렇게도 온다

환생

간이식으로 중환자실에서도 1인 무균실
형체를 알 수 없는 흑색 뭉치 4개가 다가와
명부 맨 끝에 김창수라고 적힌 이름 보여주며
가야 한다고 이제는 갈 때라고 길을 독촉할 때

의료진 외에 누구도 들어올 수 없는 이곳에서
주님 김창수를 살려주세요
익숙한 얼굴들 몰려와
김창수를 살려주세요 목청껏 청원이었다
한면희 교수 선창 따라
종교와 상관없이 박현수 목사 목우 스님 하나 수녀 유정길 법사
그 밖에 뭇 사람들 목청껏 떼창이었다

긴 시간 당신들 청원에
검은 네 존재들 둘씩 나누어 의견 갈리다
마침내 '와' 하는 함성 소리에
번쩍 눈을 뜨고서
창문 사이로 빛이 환하게 들어올 때

아 살았구나
남은 생
마음 비운 수행자로 살아야겠구나
줄 줄 줄 흐르는 감격의 눈물

민숙아, 성수야!

간이식 수술 후 중환자실 중에서도 1인 무균실까지
여러 사람들 면회 시간에 맞춰 창문 밖에서 격려하고 기도하는데
온갖 약물로 비몽사몽을 헤매고 있는 나에게
민숙아, 성수야 너희들이 찾아와서는
친구야, 암으로 먼저 간 애비 애미 대신에
꼭 살아서 우리 두 딸 아비가 되어줘
넌 죽지 않을 거야, 죽어서도 안 돼
오래도록 아이들 곁에서 있다가 와줘

민숙이 너는 내게 언제나 눈치코치 살피지 않았지만
성수야, 너와 나는 늘 조심스러운 친구였는데
오직 안타까우면 꿈속에까지 찾아와서
눈물 글썽이며 그리 말하였느냐?

아이들은 자신들이 다 컸다 하는데
그 아이들 짐 되지 않게 옆에서 지켜볼란다.
너희가 아이들 보며 누려야 할 행복을
오히려 내게 두 딸이 생긴 것을 고마워하며

아이들이 거부하지 않기만 하면
너희들에게 갈 때까지 옆에 있을란다.

첫 비행

심장 수술 후 처음 타 보는 광주행 비행기에
인공판막 두 개가 염려스러웠는데
옆 자리 세 살 꼬맹이와 눈 마주치다가
긴장은 저리 가고 장난질이다

여기도 내가 살 수 있는 공간
시가 써지고
승무원이 가져온 주스도 맛있고
귀가 비록 먹먹해져도
째깍째깍 시곗바늘처럼
규칙적으로 들리는 심장 소리

기저귀 사랑

준비된 상황에서만 배우는 줄 알았다.
시간을 준비하고 장소를 고르고
선생과 학생이 있고, 학비가 있어야 하고
어려서부터 죽을 때까지 한평생 누구나
준비된 상태에서만 공부하는 줄 알았다.

사는 것에 많은 학습이 필요하듯이
사랑하는 것과 죽는 것도 학습을 할 수 있지만
어디 머리로만 사랑과 죽음을 다 배울 수 있다던가?
아기 똥이야 손으로 받아도 오지게 좋을 수 있다지만
병자의 똥 기저귀를 안쓰럽게 볼 수 있다면
그것이 사랑이 아니라고 어찌 말할 수 있을까?

아내가 기저귀를 갈고 몸을 씻고 파우더를 발라주면서
불구부정을 배우고 사랑을 배우는 동안
병상에 누워 똥오줌을 수시로 싸면서
빚진 자의 마음을 알고, 미안함과 고마움과 자신을 알아가는 데
공부는 이렇게 언제 어디서나 이루어지지 않던가?

한강

누가 저 강을 가리켜 한강이 아니라고 하느냐!
검룡소* 예부터 지금까지 물방울로 튀어
허공을 만나면 햇살이 되고
암반과 만나면 물살이 되어
아래로 아래로 숨 가쁘게 내달리다
임진강과 몸 섞어 서해를 낳으니
소금물에 몸 씻어 여정을 정화하기까지
물길로 말하면 한강이 아닌 적이 한 번이라도 있었더냐?

누가 저 강을 가리켜 한강이 아니라고 하느냐?
아산병원 동관 103병동 34호실에서
간이식 수술, 심장판막 수술, 뇌 수술 후유증으로
100일을 채워도 모자라는 기도는
저어기 흐르는 강물이 맥박으로 되살아나고
강에서 부는 바람은 머릿속 고인 피를 말끔히 씻어
세례자 요한이 요단강에서 세례로 예수를 모신 것처럼
하늘을 우러러 기뻐하며 모시는 감사가 조금이라도 모자랄까.
저어기 저 강이 여전히 한강으로 흐르는데

중증 환자가 아니면 명함을 내밀기 어려운
이곳 아산병원 간이식병동에서 울리는 신음 소리를
다 받아내고도 유유히 흐르며 위로를 주는데
저 강이 예나 지금이나 한강이 아닌 적이 있었느냐?
중환자들 비명 소리 대신하는 노래가 저기에서 시작되고
저 강 위의 해와 별과 구름 사이의 새들을
우리 가녀린 사람들과 짝 맺어주는데
저 강이 한강이 아니라면 무엇이 한강이란 말이냐?

* 한강 발원지

병상에서 느낀다는 것

체중이 물에 젖은 솜처럼 무겁게 느껴질 때
내 몸은 병이 심해져 가는 중이고
몸이 지푸라기처럼 가벼워질 때
화장터가 가까워지는 중이다

밥맛이 좋아지고
여자들이 예뻐 보일 때
나는 살아나는 중이고
혼자 병원 밖으로 자꾸 걸어 나다닐 때
퇴원하라는 의사 지시가 떨어진다

나를 위해 기도하시는 주님
– 간이식 수술 직후

기도할 수도 없는 때가 오리니
항상 깨어 기도하라

주님
정말 그렇습니다
마음을 모을 수도 없고 마음이 모아지지도 않고
몸은 되야 죽겠고
기도할 한 줌의 여력도 남아 있지 않습니다
다만 당신을 향한 지향만 있을 뿐
기도할 수 없음이 이렇게 고통인지 몰랐습니다

무엇을 빌어야 하는지 알지도 모르고
그저 도우심을 구하는 일 외에는
제가 할 일이 없을 때
말할 수 없는 탄식으로 저를 위하여 기도하시는 님의 음성만 듣습니다
조용히 저를 위해 기도하시는 주님
제가 해야 할 기도를 대신 해주시는 주님
수많은 이들이 당신의 기도에 합하여
제 스스로 기도할 날을 기다리고 있습니다

휠체어를 밀어주시는 당신

당신은 휠체어를 밀어주시는 분
저는 휠체어를 탄 장애인
당신은 언제나 제 등 뒤에 서 계시고
뒤돌아서 당신을 볼 수 없는 내게
햇살로 신선한 공기로 맑은 하늘로
당신을 언뜻언뜻 보여주십니다

당신은 휠체어를 밀어주시는 분
저는 휠체어를 타고 다니는 환자
당신은 침묵으로
언제까지 휠체어에 의지하려느냐고
제 발로 서서 걸으라고
제 마음속에서 당신 음성 듣게 하십니다

당신을 거역하고 고집을 부리며
스스로 휠체어 바퀴를 돌리면서까지
산지사방 분주하게 왔다 갔다 하다가
장애물에 넘어져 못 일어나는 저를
이제는 내 뜻 따라 살아라

당신은 명령하십니다

거룩한 눈물

이른 아침
병상 맞은편 환자 주치의가
환우에게 조곤조곤 이야기를 하는데
이야기를 듣던 환우의 목소리가 갑자기 커졌다
말도 안 되는 소리!

6인 병상 나머지 5인 환우들과 간병인들도
주치의와 환우의 목소리에 귀를 쫑긋

갑자기 응급 수술을 받아야만 하는 환자가 발생했는데
지금 바로 수술에 들어가야 하는 환자가 생겼는데
오늘 당신 수술을 내일로 미루면 안 되겠느냐고
양해를 구하는 의사에게
말도 안 된다고 외치는 환우 목소리에
덩달아 동의하는 우리들
심지어 분노까지 하는 우리들
이미 수술을 받았거나 수술 대기 중인 우리들에게도 황당하게 들리는 망언

그러나 의사와 환우가 나누는 대화가 6인 병실에서 사회
화 되면서
환우의 목소리가 점점 누그러져 간다
수술을 내일로 미루면 하루 더 금식 등 몸 준비를 다시
해야 하는데
간 공여자는 또 어떻고

수술을 미루는 것이 끔찍하지만
하루 더 미룬다고 별일이 없다는 것을 알지만
수술 앞둔 환자에게 형벌 같은 이야기지만
과부 사정 홀아비가 안다고
환우는 어렵고도 힘겹게
눈에 눈물 그렁그렁하며
그렇게 하자고 주치의에게 동의를 한다

두 사람의 대화에 귀를 쫑긋하며 대화 과정에 함께 참여
한 우리들 모두도
잘한 결정이라고 감동 받았다고 존경한다고
환우의 동의에 감동의 박수를 보탠다

제4부

자기소개

여수요양병원, 2023. 3.~6.

자기소개

성가 모임이 끝나자
오늘 처음 참석한 내가 궁금해
여기에서 가장 오래 생활한
하얀 머리 할마씨가 먼저 자기소개를 한다
나는 직장 스트레스로 직장암에 걸렸어요
옆에 앉은 40대로 보이는 여인은
저는 정숙한 여성으로 살았더니 여성암이 왔네요
지휘를 맡은 파마머리 남성도 덩달아 한마디 보태는데
저는 늘 앞에서 설치다 보니 전립선암과 대장암이 쌍으로 와버렸어요
교육 문제다 환경 문제다 하면서 핏대 세우다
혈액암 걸렸다고 나도 슬며시 명함을 내민다

요양병원에서는

  요양병원에서는 계급장을 모두 떼라
  제발 이곳에서는 '왕년에 말이야'라는 말일랑 다 잊어버려라
  자식 자랑도 하지 말되
  손주들 자랑만은 모두를 미소 짓게 하는
  이곳에서는 서로를 사물이 아닌 존재로 바라보라

  요양병원에서는
  간밤에 사라진 환우에 대해 궁금해 하지 마라.
  큰 병원으로 갔다는 말이
  영원으로 나갔다는 것인지 정말로 큰 병원으로 갔다는 뜻인지도 되새기지 말라
  앰뷸런스마저 이곳에 올 때는 사이렌 소리와 스트립트 폴도 끄고
  밤에 응급환자 발생하면 자동차도 속도를 줄여 아무도 모르게 다녀가는 이곳

  요양병원에서는 서로 연락처를 주고받지 마라.
  함께 있다 퇴원한 환우가

죽었다는 소식 암이 전이되었다는 소식 듣고 애달파하고 싶지 않거든
 깊은 인연 맺기를 피하라.
 다만 기억나는 환우가 있거든 그를 위해 기도만 하라

 요양병원에서는 오늘만 살아라
 환우들과 즐겁게 오늘을 살되
 너와 내가 평생 짊어졌던 삶의 실타래를 풀어놓다가
 각자에게 남겨진 나머지 시간과 길을 춤추며 가라

여기가 어디라고

서른둘
이제 막 세상에서
팔짝팔짝 뛰어다닐 나인데
난소암 수술에다 항암과 방사선 치료로
머리에 덮어쓴 모자가 버겁구나

필라테스 강사면 되었지
여기가 어디라고 와 있느냐
네가 서 있을 그 자리 놔두고 요양병원이 웬 말이냐
병원 관계자들 정성껏 네 치료를 돕고
여기 모인 환우들 모두 너를 딸처럼 두 손 모았구나

여진아, 셋째 딸 귀염둥이 막내야
빨리 너의 아픔 끝내고
삶의 끝자리에 서 본 자가 갖게 되는 시선으로
너를 살피며
철모르는 남자 친구를 보듬고
갈 길 헷갈려 하는 친구들도 안내하며
부디 오래오래 햇살로 빛나거라

남열 바다

남열에서는 바다가 선생이다
햇살 반짝 은빛 물결로
여기를 춤추라 하고
지금을 노래하라 한다

남열에서는 바다가 선생이다
밀려왔다 밀려가는 파도로
너의 발자국 위에 애써 포갠 내 발자국을
덮어 지우고 또 씻어내며

아무런 흔적도 남기지 말라
인연은 지금 이 자리에서 가장 빛나는 법
추억을 빛바랜 누더기로 만들지 말라
남열은 길게 뻗은 해변으로 밀려온 파도로 말한다

여기 천사가 있습니다

처음 입원해 보는 요양병원
천사들이 여기에 있습니다
입원 첫날 병원 편의 시설을 두루 소개해준 같은 병실의 정 사장
녹즙을 만들어 새벽 5시면 어김없이 각 방 인원에 맞게 배달해주는 병원장
동료 환우들 낙상 방지하라고 나무 지팡이를 만들어 주는 박 선장
서울 부산 그리고 광주 등에서 온 환우들에게 조그마한 도움이라도 주려는 천사들이 여기에 있습니다

여기 천사가 있습니다
장등 바닷가 어씽을 하라고 노인들을 매일 자동차로 데려다주는 80 넘은 퇴직 간호사
매 식사 시간이 기다려지게 만드는 주방장 겸 디제이 형제
장등 해수욕장 저녁 어씽 시간에 옷이 얇아 벌벌 떠는 청년에게 자신의 겉옷을 벗어 주는 경옥 자매
환우들에게 나을 수 있다고 희망과 용기를 불어넣어 주는 독일 병정 같은 건명 자매

모인 사람들을 늘 환하게 웃게 하는 명신 자매
본인도 암투병으로 힘이 든데 걷지 못하고 휠체어에 의지하여 사시는 80대 중반의 친정 어머님을 모시는 은주 자매
천사는 저 어디가 아니라
마음 담아 도움을 주려는 사람들임을 여기서 봅니다

당신께로 가는 길

항상 기뻐하라 하셨습니까
저의 뜻이 이루어질 때만 기뻐하였습니다
모든 일에 감사하라 하셨습니까
가지고 싶은 것을 얻었을 때만 감사하였습니다
쉬지 말고 기도하라 하셨습니까
임이시여, 슬프고 괴로울 때만 기도하였습니다

새 술은 새 부대에 담아야 한다고 말씀하셨습니까
아무 부대든 담고 싶은 것만 채우면 되는 줄 알았습니다
옛 문을 닫아야 새 문이 열린다고 말씀하셨습니까
나아갈 문이 열려야 지나온 문을 닫는 줄 알았습니다
허공을 밟아야 벼랑을 건널 수 있다고 말씀하셨습니까
허나 임이시여!
다리를 놓고서야 벼랑을 건너는 줄 알았습니다

새도 울다가 그치고 꽃도 피다가 지고
심한 비바람도 얼마 지나면 멈추지만
제 욕망은 끝없이 길었습니다
인과에 매여서 번뇌 여의기를 바라고

자아에 매여서 제자 됨을 구하고
교묘한 속임수로 저를 속이며
이것이 당신께 가는 길이라 믿고 싶었습니다

그러나 임이시여, 임이시여!
당신께 다다르는 길이 아무리 요원해도
당신에게 닿고자 하는 제 마음은
아직도 여전이 붉습니다.

말을 위한 기도

말을 닦으며 살게 하소서
나를 속이고 너를 속이고 모두를 속이는
이리 꾸미고 저리 꾸미고
한 개도 모자라 여러 개 혀로
독설과 저주를 담았던 말들을 닦아
그 속을 맑히게 하소서

있는 그대로 듣게 하소서
바람을 그러하듯
계곡 물소리를 그러하듯
사람 말이면 사람으로
나무 말이면 나무로
그중에 비둘기, 부엉이, 꿩 말일랑은
당신 입장단 맞추는 노래로 듣게 하소서

제 말을 놓게 하소서
당신 말에 귀 기울이느라
침묵 속에서 내 말일랑은 버리게 하시고
내게서 나오는 것은 오직 당신이 전하여 준 말일 뿐

당신과 만나는 마음만 남기고
하냥 당신 말 따라 살게 하소서

말이 필요 없게 하소서
이심전심 당신과 통하여
말이 필요하지 않게 하시다가
말이 없게 하시다가
말하는 법을 잊게 하시다가
말이 있다는 것도 잊게 하시다가
온통 몸짓으로만 살게 하소서

제5부

눈이 흐린 것은

화순전남대병원, 2023. 1.~현재

눈이 흐린 것은

눈이 흐릿하다
읽을 수 없다니
글을 버리라는 것인가

사자의 날카로운 이빨이
밀림을 누비게 하듯
독수리의 날개가
허공을 장악하게 하듯
머리를 채우는 가장 큰 무기
읽을 수 있다는 것

당신은 그것마저 내놓으라 한다
이것은 시작일 뿐이라 말한다

중앙주사실

울지 마라 아이야
울지 마라 아가야
소아암 치료 받느라
혈관이 잘 나오지 않는 그 여린 손등과 팔에
주삿바늘 여기저기 꽂힐 때
자지러지는 너의 비명 소리

선 자리에서 눈물 저절로 나오고
두 손 모아 기도가 절규로 나올 때
주여, 저를 데려가시고 저 아이는 살려주세요
두 눈에 흐르는 눈물 끝이 없구나
주사실의 모든 환우들도 한마음

아이 엄마
아가 미안해 미안해 미안해 엄마가 미안해
아이의 고통을 자신의 탓으로 돌리며 온몸으로 받는구나

세상 모든 어린이들이 질병과 굶주림으로 더 이상 고통

받지 않고 살게 하소서
  하염없는 기도만 덧붙인다

아플 때만

아플 때만 내 남편이라는
아내의 말에
반백 년 결혼 생활 뒤돌아보니
구구절절 하나도 어긋나지 않지만
다행인지 불행인지 결혼 생활 거의가 투병 생활
그래서 당신 남편이었구려
위로를 받습니다

아플 때만 우리 아빠였다는
자식들 말에
아빠 노릇 곰곰이 생각해 보니
아이들아 미안하다
가슴 저미지만
아이들 몸과 마음 건강케 해주소서
기도만 간절해집니다

아플 때만 내 아들이라는
당신의 음성에
병들어 간절하게 기도한 것 빼고

경건 생활 차분히 들여다보니
삶이 곧 기도라고 말장난하다가
내 안에 계신 당신 만날 빈 공간 하나 없어
이제야 마음속 깊이 당신을 들입니다

애도하라 친구여

코로나19 세상 휩쓸어
엉겁결에 너는 코로나 병실로,
나는 간병인마저 차단된 병실 언저리에서
잘 있어라 잘 가시라
정담 나눌 겨를도 없이
달랑 화장한 유골 통 하나 남기고 너는 떠났구나

사람살이
애간장 끓는 슬픔 빼면 무엇이 그리 중하다고
애도마저 빼앗겨버린
얼음보다 차가운 너의 고독의 길과
너를 향한 나의 뜨거운 사랑은
접속할 길 하나 없었구나

그동안 가까이 지내던 벗들
이제 그만하고 눈물 멈추라 위로하지만
지금은 그 말은 우리 사랑을 모욕하는 것으로 들리니
언제 멈출지 모르는 나의 애도를 지켜만 보아다오

할아버지 머리가 안경 썼다

엄마 따라 병원에 온 대여섯 살 공주가
와, 할아버지 머리가 안경 썼다
활자를 보다가 안경을 머리로 올렸었는데
할아버지는 머리로도 보나 봐
꼬마 공주가 자기 세계로 나를 이끈다

드라큘라

예전에는
피가 모자라 피가 모자라 소리가
드라큘라 목소리인 줄로만 알았는데
골수형성이상증후군*은
매주 한 번씩 피를 달라고
적혈구 두 팩과 혈소판 두 팩에 더하여
백혈구 촉진제 한 병을 맞고서야
흡족해 한다

젊은 날 어쩌다 헌혈 한 번씩 하였는데
그 피들이 모여 환자들 밥이 되었던 것을
이럴 줄 알았으면 열심히 헌혈을 하였을 것을
수많은 병원을 거치며 흡혈 중이다가
혈액암 판정 이후에는 이곳 화순전남대병원에서
수도 없이 많은 양의 피를 몸에 모시고서야
아 이 은혜를 어이 다 갚을까
아 이 죄를 어이 다 씻을까
헌혈자들 향하여 절로 손이 모아진다

* 혈액암

저 할머니를 데려가소서

앞 침대 자리 80대 후반 장씨 할머니
가족들 몇 명씩 병상 찾아와 병문안 겸 작별인사 하는데
모진 목숨 끊어지지 않아
며칠 밤낮 신음 소리 높아만 간다
의사들과 가족들 환우들 모두 어쩔 줄 몰라
주님 저 할머니를 당장 데려가소서
나오는 건 오직 기도뿐
남는 자 입장이야 좀 더 버텨주셨으면 하지만
여보게들, 떠나가는 자 입장도 좀 생각해 주시게나

가야지

가야지
나는 가야지
새 울지 않아도
꽃 피는 봄 아니어도
하나님 부르심 가까이 왔으니
기꺼이 가야지

긴 투병 생활
수직으로 용솟음쳤던 시간들
고랑마다 계곡마다에
켜켜이 쌓은 긴 서사들
그 가운데에서 소풍 같았던 인생살이
곱씹으며 미소 지으며
감사하며 가야지

갈 테야
갈 테야
나는 갈 테야
해가 뜨지 않아도

달이 뜨지 않아도
한평생의 자랑은 수고와 슬픔뿐이라지만
그래도 행복했던 시간들 감사하면서
정든 이들 배웅 속에 찬송 부르며 갈 테야

사랑이어라

병원 밖 양지바른 벤치
70 후반의 노부부가 앉아
아내는 남편을 지긋이 바라보고 있고
남편은 아내의 발톱을 정성스럽게 깎아준다
행여 잘못 자를까 봐
아프냐고 아프지 않느냐고 묻고 또 묻는 남편
계속된 질문에도 괜찮다고 다정하게 대답하는 아내
사랑은 같이 살아온 시간
사랑은 삶을 섞어 온 과정
병상에서도 노부부의 사랑은 여물어 간다

이 기쁨

시가
세상에 없다면
사는 것이 얼마나 단조로울까

꽃이
피고 지고가 없다면
세계는 얼마나 삭막할까

나비가 날고
별이 떨어지고
새벽은 짙어 고요한데

당신 손 붙잡고
나이 들어감이 없다면
이 기쁨은 어디서 올까

제6부

누구의 죄입니까?

1994~2017

레퀴엠
– 어느 목사 어머님 장례식

나
울지 않으리라
어머니 영전에 울지 않으리라
가슴으로도
넋을 놓고도
결코 울지 않으리라
당신 길 마음 편히 가시라고
목울음 한 번만 꿀떡 삼키고
눈으로만 울리라

2014. 3. 18.

기도
– 박종양, 아브라함의 노래

나가 그렇게 기도하였건만
울 엄니 빨리 죽으라고
자식 먼저 죽는 꼴
엄니가 겪지 않게 해달라고

하늘도 땅도 사람들도
상여 꽃처럼 검붉은 백일홍 꽃 이파리마저
싸가지 없는 놈이라 손가락질하는 것도 상관치 않고
울 엄니 빨리 죽으라고
그리 깊이 기도하였건만

만약에 엄니가 빨리 죽지 않는다면
두 눈이라도 멀게 해달라고
극악한 암 덩어리 흡혈 앞에서
벌겋게 달궈진 불판 위의 장어 토막처럼
온몸을 지글지글 비비 꼬며
오그라들 대로 오그라든 자식의 몸뚱아리를
울 엄니가 못 보게 해달라고 기도하였건만

나가 그렇게 기도하였건만
울 엄니 귀라도 먹게 해달라고
자식의 췌장과 식도 그리고 뼛속에서
저절로 새어 나오는 비명 소리를
엄니가 듣지 못하게 해달라고
울 엄니 치매라도 걸려 멍한 눈과 귀로
보아도 보이지 않고 들어도 들리지 않게
자식도 자신도 나도 죽음도
모두를 잊어버리게 하여 달라고

그러나 내 기도가 간절해질수록
엄니는 허리를 곧추세워서
누구도 말해주지 않은 자식의 죽음을 읽어내었다
멀쩡한 두 눈과 두 귀로는
자식의 몸부림과 신음 소리를 다 받아내는 것도 모자라
한 땀 한 땀 자신의 피와 혼으로
자식의 수의를 만들어 입히고선
엄니 품에서 자식을 편히 보내는 결기를 보였다
당신의 손주들 염려 말라고

오직 아들만 제 갈 길 잘 가라고
신은 내 기도를 그렇게 이루어주셨다

부처님 오신 날

서까모니불
석釋까모니불
서徐가모니불
김가모니불
이가모니불
박가모니불
모두 모니불

안가모니불
못가모니불
눈부시게 하늘 푸른 5월
부처님 사람으로 나신 날
총 맞아 죽고
대검에 찔려 죽고
이대로는 정말 못가모니불

세상이 꽃 잔치로 떠들썩하던
진도 앞바다 위 4월의 수학여행길
안 건지고

못 건지게 하고
산 채로 수장당하고서는
안가모니불
못가모니불
어떻게 가 모니불

오월의 엄니와 사월의 엄니가
부둥켜안고 울고 울다 하나가 되고
4월의 그날과 5월의 그날이 한 날이 되었는데
서가모니불
아가모니불
못가모니불
절대로 못 가 모니~불

동지들과 어깨 걸고 친구들과 손잡고
저승이 아무리 멀고 험한 길이라도
맘먹으면 왜 못 갈 길이랴마는
아직은 안가모니불
그날까지는 못가모니불

모두가 웃는 날까지는 절대로 안가모니불

2015. 5. 25.

누구의 죄입니까?

소경된 자 누구의 죄냐고 물었을 때에
당신 영광 위함이라 말하였지만
실로암 연못은 눈 뜬 자 차지가 되어
눈먼 자 계속해서 어둠이질 않습니까?

장님은 그래도 제 몸 추수릴 수 있고
제 생각 가지고 살 수 있다지만
죄 됨이 따로 있다 하더이까
혈육이 외면하여 홀로된 것도 섧은
병신 중에 상병신 제 몸도 가누지 못하고
제가 누구인지 물을 지력도 없이
폐기처분 기다리는 꿈틀꿈틀 버러지 아닌가요?

당신 형상 따라 사람 지었다는데
온갖 형태 병신이 당신의 모습인가요?
인간이고서 똑바로 쳐다볼 수 없는
주르르 흐르는 눈물 뒤돌아서서
다시는 하늘을 보고 살지 않겠노라고
두 주먹 빈 공간에 내지르며 긴 시간 지나왔지만

너무도 안타까워 발 구르며 짓던 한숨 어이 말할까

흐트러진 세월 이제야 알 수 있을 것 같아
당신은 장님인 체로 나 만나기 원하였고
나의 관심 나의 나눔 기다렸는데
그곳 그 자리에 당신 영광 왜 몰랐을까?
실로암 막아서는 자가 나인 것을 몰랐던 것도
당신에겐 커다란 슬픔이었던 것을

하지만 아직도 삭이기 어려운 외침은
주여, 저들의 죄는 정말 아니옵니다.

---

* 전북고창행복원(사회복지육아시설, 1981. 12.)에서 근무하던 때(1988년 12월) 우리 시설에 있던 두 명의 중복장애자들을 전주자림원에 데려다준 적이 있다. 당시 전주에 자림원이라는 아동장애복지시설이 처음 개원하면서 전북 모든 시설의 장애 아이들을 그리로 모았다. 여러 시설에서 온 아이들 중, 홀트 아동복지에서 봉고차로 실어온 아이들의 형상을 목격하며 '다시는 하늘을 보고 살지 않겠노라, 영원히 땅만 보며 살리라'고 토해낸 고백의 시다.

1994. 8.

너는
– 곽정숙 전도사 1주기 추모시

너는
여성
장애인
여성 장애인
한 가지만도 등외인데
넘치기를 기다리지 마라
흘러내려라
솟구치지 마라
무너져 내려라
모든 삶의 정답은 심장이다

너는
장애인
여성
장애인 여성
불가촉천민 많은 조건 갖추고서도
130센티 작은 키는
땅을 껴안는 가슴
등의 혹은

이웃으로 뻗은
천수천안관음의 손

아, 뉘라서
장애를 아름다움이라 하였는가
너를 떠나 뉘라서
장애가 능력이라 말하였는가
사람아
흘러 가장 낮은 곳으로 흘러
하늘 된 사람아

2017. 3. 20.

희망

애쓰지 않아도 새벽이 온다고 말하지 마라
두더지처럼 지하에서만 살아야 하는
얼굴 지워진 존재들이 도처에 있는데
동두천 양공주에서 청량리 거쳐 흑산도 작부로까지
할미, 어미, 딸 3대 모계로만 이어진 고름투성이 생명줄에
스물넷 에이즈 감염자 죽음 앞에서
꿈꾸지 않아도 내일이 있다고 말하지 마라

봄 여름 가을 겨울 그리고 또 봄이
수억 번 되풀이되고 또 되풀이된다 한들
네 살 먹은 딸아이 홀로 두고서
차마 어려운 길 가야만 하는데
애달파하지 않아도 아침이 오고야 만다고 말하지 마라

어떤 이는 다 이루었다 천국을 말하고
어떤 이는 다 비웠다 무욕을 말하는데
천국과 무욕의 그림자 부스러기만 스쳐도
그것이 우리에겐 밥이 되고 거처가 되고 약이 될 텐데

얼음장보다 더 차가운 외로움을 덜어 내며
비로소 마음 놓고 죽음을 두려워하다
네 살배기 딸아이 두고서도 먼 길을 갈 수 있을 터인데

빈 무덤

당신의 빈 무덤은
이곳저곳 예나 지금이나
마르고 닳도록 희망이라 하지만
아직도 내 빈 무덤은
울 엄니 가슴에서부터
망월동 찾는 모든 이에게까지
멀고 긴 통곡입니다.

당신의 빈 무덤은
종소리 세상에 널리 퍼지고
춤추고 노래하며 기리는 축제이지만
여전히 내 빈 무덤은
울 엄니 대문도 걸지 못하고서
뜬눈으로 지새운 밤 35년 되기까지
하루도 거르지 않는 기다림입니다.

당신은 십자가에 매달려서
사람들 당신의 죽임 당함을
부활로 받을 수 있었지만

대검이나 기관총
그것도 아니면 곤봉이었는지
지금도 내 빈 무덤은
넋 잃은 우리 엄니 저 세상에서라도
우리 다시 엄니와 아들 되자며
결코 멈출 수 없는 기도입니다.

유채꽃

꽃이 피어 봄이라면
피어라, 꽃이여!
4·3 원혼 깃든 유채꽃들아
봉인 풀어 해마다 이른 봄에 피어나라

아무것도 모르고 우히히히 까르르르
수학여행길 장끼자랑 준비로 지새우던 밤
혜선아 민수야 그리고 꿈쟁이들아

꽃이 피어 봄이라면
피어라 꽃이여
그 무엇보다도 소중하게 필 수 없다면
행여 꽃병에 꽂히고 떨어져 짓밟히더라도
그때 이전으로 돌아갈 수 있다면
피어라 꽃이여!
되돌아오라 유채꽃 봄이여

2015. 4.

성민아!

성민아!
새삼 부르기도 가슴 저미는 아이야!
내가 너를 죽였구나
선생의 침묵이 너를 죽였구나
선생이 죄짓는 직업인 줄 이미 알고 있었지만
너 가고 다시금 부끄러워하는 것은
너를 죽음으로 내몰고도 우리는
증권 얘기, 승용차 얘기, 술집 마담 이야기
네 죽음 깔고 앉아 잔칫상이구나

성민아, 성민아, 무정한 녀석아
네 엄마아빠 남은 삶 어이 하라고
부모님 가슴에 비수를 꽂았느냐
너 입던 옷 이부자리 어느 것 하나
부여잡고 몸부림칠 부모 한 아랑곳없이
자식 앞세워 부끄러운 부모 되게 하였느냐
네 엄마 피울음 소리 들리지 않느냐
네 아버지 숯검정 가슴 보이지 않느냐
입시공부 짓눌리는 현실 피하여

너 하나 훌쩍 떠나가면 그만이더냐
네 아픔 나눠 가진 아이들 수없이 많은데
너만 가면 세상이 달라진다더냐
살아, 살아서 네 고통 이기어
캄캄한 세상에 햇불이 되어야지
너 앉았던 자리, 네 친구들 그대로인데
너 빠진 교실에서 이제 또 무엇을 가르칠거나

살아서 힘들었고 죽어서 분노하는 성민아!
네 죽음 타고 앉아 낄낄거리는 무리들
요지부동 제 몫만 챙기질 않느냐
우민교육 일방통치 단맛을 아는 자들
교육은 암기식 주입식 등수 매기기로
스스로 생각할 수 없는 제품 만들어
복종의 율법을 완성하려는 게지

연간 사교육비 시장이 12조라는데
게서 떼돈 버는 사람들 교육정상화 바라겠느냐
참고서 안 팔리고 학원이 문 닫으면

떡고물 받아먹는 놈들 그냥 넘기겠느냐
이제 한쪽에선 국민학생들에게까지
국영수 과외 허용하자고 애달아 하는
이제 너 말고 꼬맹이들까지도
아파트 창문 열고 뛰어내리는 것을 보자고 하는구나
서울에서 부산에서 죽음의 땅에서

신문방송쟁이들 네 주검 앞에 두고
사람들 구미에 맞게 도색을 했더구나
이 나라 청소년 중
연애인 사진 하나 없는 아이 몇이나 되겠느냐
경찰관 입회 하에 네 서랍 열었을 때
나온 것은 성적표와 최진실 사진 한 장
없었던 포르노가 어디서 왔다더냐
죽을 놈이 죽은 거야 안정제 맞고
이제 어른들은 편안한 마음으로 제 몫 챙겨가며
이제 또 너희들을 죽음으로 내몰 수 있게 되었구나

순간의 정신착란으로 죽었을 것이여

우리 선생들은
네 죽음 서러워하기에 앞서
너 가게 한 것 부끄러워하기에 앞서
나는 아니라고 발뺌하기에 급급해 하고 있다.
나는 아니라고, 내가 죽이지 않았다고
책임질 선생은 정녕 없느냐
어느덧 네 이름 거명하는 것조차 금기가 되고
네 일을 말하지 않음이 불문율이 되어버린 교무실에서

부끄러움 무릅쓰고 다시 성민아!
우리 어른들은 알아야 한다.
선생과 학부모가 눈을 감으면
내 학생 내 자식만 이기심으로
바른 교육 참교육 외면하면은
아파트 창문은 결단코 닫히지 않는다는 것을
우리들의 아이들 우리들의 꿈들이
또다시 창문 열고 뛰리라는 것을

젊은 아이 병으로 간 것도 원통한 일인데

하물며 비명에 간 네 청춘 생각하면
네 영정 앞에 머리 숙여 잠시잠깐 아파한들
어찌 우리 죄 우리 허물 벗기워지겠느냐마는
이제는 깨어 일어서야 한다.
이제는 큰 소리로 외쳐야 한다.
다시는 너와 같은 아이가 없어야 한다.

이제는 서로서로 손잡고서
큰 걸음 큰 걸음으로 나아가마!

* 서울 중앙고등학교 재직 시절 제자 성민이가 자살하고 그해 학교 교지에 실었던 추모시다. 이듬해 1995년에 대안교육운동이 시작되었고 나는 거기에 함께하였다.

1994. 11. 23.

현종아!

유복자 쌍둥이 중 무녀리 현종아!
네 한 어쩌라고 서둘러 갔느냐?
잡놈 형 술 등쌀에 가난 더하여
열 살 때 어미 떨어져 고아원에 왔지
쌍태아 동생과 서로 힘 되며
눈치 밥 매 밥 눈물 콧물 밥
맨밥에 장 찍어 질긴 세월
군대보다 기강 퍼런 행복원에서

때가 차 큰형 자리 네게 돌아와도
아우들 가엽다고 손찌검 한 번도 아꼈지
매일 아침 어김없는 수십 명 등교 전쟁에
짝짝이 양말이나 구멍 난 신발도
동작 굼뜬 놈 완력 약한 놈 요령 없는 놈
그나마 차지 못해 애를 태웠지
넌 그때 가장 어린 동생 불러다가는
신고 있는 긴 양말 벗어 주며 학교 가라고
아픔을 알기에는 어린 나인데
사랑을 뺏기고도 사랑을 아는

맨발로 학교 가는 너를 보고서
알면서도 넌지시 물어보았지
'다 큰 남자 새끼가 뭔 양발이다요'
울컥 치미는 분노로 끝내는 마주 보며 굳게 쥔 주먹
구멍 난 신바닥에 질퍽한 황톳길
동지섣달 두고두고 살을 에이었지

네 술동이 형 노상서 거꾸러져 자다
한겨울 긴 밤 얼어 죽었을 때에
관 살 돈이 없어 가마니에다
형 시신 둘둘 말아 지게에 지고
쌍둥이 단둘이서 언 땅 파구선
한 한 자락 흙 한 삽 겹겹이 묻었지
출장 갔다 소식 듣고 달려가 보니
나 붙잡고 피눈물을 흘리더니만
네 동생 곁에서 울음 삼키고
네 엄니 멍하니 벽만 쳐다보고

대학 간다고 두 가슴 활짝 펴고선
하지만 가진 것 두 쪽 언덕이 있나
하루 한 끼에 운 좋으면 두 끼
눈 붙이는 곳 여기저기 가릴게 없으면서도
이 땅 이 역사를 능욕하는 자 누구냐고
맨 앞서 소리치며 나서더니만
학사모 한 학기 남겨 놓고선
뭐에 그리 급하다고 그리 갔느냐?

형, 도움이 필요한 사람들과 함께 살래요

신이 사랑하는 자 빨리 죽는다고
현종아, 그렇게 정말 갔느냐?
백혈병도 원수지만 가난이 더 웬수여
어린 자식 떼어 고아원에 보낸
네 엄니 가슴은 어이 하라고
네 애인 숙희와 죽고 못 살더니만
22살 어린 년에게 주검을 남기고

너 가고 8년째 이제야 추모시를 쓰는데
이 땅에 널부러진 작은 사람들
어쩌면 너 닮아 지천 아니냐
너 남긴 일들은 그들과 내가
이제 구천을 떠돌며 지켜보거라

* 전북 고창에 있는, '행복원'이라는 고아원에서 자란 '현종'이, 사랑하는 아우 '현종'이가 백혈병으로 가고 8년이 지나서 쓴 추모시이다.

1994.

아 짜증나!
- 친구 백수정 교수

세 번째 암 재발 이야기를 들으며
에이, 짜증나!

처음은 무서웠고, 두 번째는 지겨웠어.

누가 암 선고 앞에 두렵지 않겠느냐마는
정말 짜증만 났느냐고 물으며
잘은 모르겠지만 머리로는 알 것도 같다고
사람들 그렇게 말하는 것에 서운해 하지 마라.

세 번째 고통 앞에서
이전의 두 번의 고통은 무효임을 알아버린,
친구야!
힘든 수술과 치료를 다시 시작해야 하는 사람은 알지
고통의 경험은 결코 항체가 생기지 않는다는 것을

탤런트 이주실

암 연기야 광대 일이라지만
광대로 살아도 암은 오더라.

온다, 온다, 온다아!
통증으로 진땀을 흘리면서도
당신은 신음을 연기로 대신하며 '온다'고 난리를 쳤다지
학생들 장난치는 줄 알고 덩달아 까르르
간경화 공포에 떨며 40을 넘긴 나와
우리는 서로 마주 보고 깔깔거리며 그리 놀았지
당신은 '성지고' 나는 '한빛고'에서.

그렇게 당신은 배역을 끝내듯
암 연기와 더불어 몸의 암도 끝내고 새사람으로
만나니 떠나고, 떠나니 만나고
우리 죽을 때까지 만나지 않아도
늘 여여如如한 친구여!

무명들의 넋두리

어버이 잃은 자를 고아라고 하고
남편 잃은 과부와 아내 먼저 간 홀아비
짝 잃은 사람들 이름표 줄줄이지만
세상 그 어디에도 없는
자식 잃은 부모를 무어라 할꺼나
우리 말에도 없고 영어와 일본어에도 없는
사람 사는 동네치고 그 단어를 어찌 쓸 수 있었으랴

뒤지고 뒤져 겨우 찾아낸 '참척慘慽' 앞에 두고서
어떤 위로도 고문이 되나니
차라리 자식 팔아 장사한다는 말이
이 앙다물고 살아야 할 이유가 되어
팽목항으로 망월동으로 국회로
꿈속에서까지 아가, 아가!
내 새끼야 부르짖으며
목구멍으로 밥을 꾸역꾸역 넘기고 있구나

줄기차게 잊으라 말하는 사람들아
그것이 잊으라고 해서 잊힐 터이면

잊으려고 용을 써서 잊힐 것 같으면
세월 속에 못 묻으랴
땅속엔들 못 묻으랴
천수를 다하여 죽는 것도 큰 슬픔일진대
자식들 죽음 마주하며 살아내야 하는
어머니 아버지와 가족들
씻김굿 할 날은 언제 올거나

화환을 세는 상주

복도 양쪽에 줄줄이 세워진 조화弔花가 모자라
출입구를 계속해서 쳐다보며
상주는 영정 앞에서 거리낌 없이
문상객이 허름하면 조화의 숫자로 당당하다가
고급 승용차에 검은 넥타이 메고 오는 조문객에게는
아직도 비어 있는 자리는 곧 채워질 것이라고
아버지 죽음에 애달픈 눈물 한 방울이 아깝다 해도
고인은 어디로 사라지고
네 얼굴만 남았구나

정의행 법사에게

 아산병원에서 뇌수술 받은 후에 병상에서 여러 번 같은 꿈을 꾸었습니다. 『노인과 바다』 주인공인 산티아고 노인이 갖은 고생을 다하여 잡은 물고기를 끌고 황혼 무렵에 항구로 들어옵니다. 그런데 들어 끌어올려진 돛새치의 살을 상어 떼가 다 먹어버리고 뼈만 앙상한 상태였습니다. 그 장면이 가슴 깊이 각인되면서(책 한 권이 한 장면으로 응축되면서) 렘브란트의 「탕자의 귀환」이 오버랩 되었습니다. 허망하다는 생각과 함께, 백발 노인이 원하는 것은 물고기 잡는 것 자체가 아니라 자신이 아직도 살아 있다는 것과 자신에게 주어진 일을 계속할 수 있음에 대한 삶의 긍정성이었습니다. 노인의, 자신이 그 누구인가로부터 결코 꺾일 수 없다는 신념을 확인하는 장면에서 짜릿한 쾌감을 느꼈습니다. 나아가 스스로 신 앞에 무릎 꿇어도 이제는 아프지도, 억울하지도 않을 것이라는 생각도 하였습니다.

 반성적 자기의식을 가지고 살아가는 사람들은 아름답고 사랑스럽습니다. 그런데 거기서 머물 수 없는 성찰적, 초월적 인간들이 있습니다. 사실 생로병사가 괴롭지만, 그것들보다 더 깊고 큰 괴로운 것들이 있습니다. 죽고 사는 것에 시선을 두기에는 너무나 시간이 소중한 사람들이 있습니다. 만해 스님은 출산한 아내에게 미역국을 끓여 주려고 미역을 사오다 출가를 하였습니다.

발 디디고 서 있는 현실에 충실한 것은 아름답습니다. 그러나 자기의 땅에서 스스로를 유배시켜야만 하는 것을 형벌로 받은 사람은 현실의 윤리와 도덕으로 가둘 수 없습니다. 법사님의 영원으로의 지향을 보게 되어 저도 기쁘기 한량이 없습니다. 꼭 백혈병을 이겨내셔서 법사님의 진보와 상승에로의 추구가 뿜어내는 열기가 온 누리를 태우고 자신을 태울 수 있기를 소망합니다. 같은 길 함께 가 보십시다. 살아남으시길 소망합니다. 아미타불!

2014. 10. 25.

발문

| 발문 |

내 영혼의 벗, 김창수 시집에 부쳐

한면희 성균관대 겸임교수

2024년 가을 김창수 교장에게서 내게 전화가 왔다. 물론 광주지혜학교의 창립 교장이기에 여기서 이렇게 호칭하고자 하는데, 그 무엇보다도 내게는 그가 대안학교 교장이라는 직책이 가장 어울린다고 생각하기 때문이다.

김창수 교장은 내게 영혼의 벗이다. 나는 그런 성품의 사람을 좋아하고 또 적지 않은 기간 동안 삶과 희망에 대한 교감을 우정 속에서 함께 나누었기에 그를 마음에서 우러나오는 진정한 벗으로 여긴다. 그를 만난 지도 제법 오래되었다. 2001년 하반기에 녹색대학 창립을 위한 준비위원회에서 만났다. 당시 나는 환경철학자로서 현장의 실천적 역할을 수행하다가 허병섭 목사님의 요청에 의해 녹색대학 설립에 관여하게 되었지만, 그다지 적극적이지는 않았다. 녹색의 꿈을 현실화하는 데 따른 한계를 비교적 잘 알고 있었기 때문이었다.

　나는 이전에 청년 대학강사로서 민주화운동에 동참하면서 현실의 벽을 돌파하는 데 따른 고난과 장벽을 겪어 보았다. 때로는 일 성사에 따른 성취감과 보람도 느꼈지만, 좌절감도 적지 않게 맛보았다. 그래도 철학자이기에 미래에 대한 희망의 끈을 놓지는 않았다. 이런 나로 하여금 대안 녹색대학 운동에 참여토록 한 데는 허병섭 목사님의 자세가 큰 영향이었지만, 그것만으로는 필요한 도움을 드리고 적당한 시기에 뒤로 물러설 요량이었다. 이때 김창수 교장과의 교분은 일의 결과보다는 과정 역시 그것만큼 중요하다는 인식을 북돋기에 충분했다. 나는 설혹 일을 잘하더라도 사심이 많은 사람들과는 거리를 두었지만, 반대로 세상을 널리 이롭게 하는 데 나선 선한 사람들을 좋아하는 편이었다. 김창수 교장은 후자 유형의 전형에 속하는 사람이다.

　짧지 않은 시간이었지만 녹색대학이 직면한 온갖 우여곡절을 겪으면서 당시 녹색교육학과 교수이자 대학원장을 맡고 있던 김창수 원장으로 인해 여전히 전진하려는 나의 활력을 유지할 수 있었다. 또한 그는 내게 자신의 고향인 광주와 전라도를 보다 잘 이해할 수 있도록 이끌었다. 녹색대가 소재한 경상도 함양과 더불어 지리산, 그리고 광주도 자주 드나들었다. 담양에 있던 그의 허름한 집에 찾아가 자주 잠을 자기도 했다. 5·18민주화운동의 성지로서 광주의 정신을 익히 알고 있었다. 그러나 남도 예향의 풍모

와 아름다운 자연은 직접 체험해 보아야 맛을 느낄 수 있는 것이다. 이런 것을 향유하게 되었으니 내게는 나름의 즐거움이었다. 모두 김창수 교장이 있었기에 가능했다.

다만 그를 만날 때 간혹 가슴 한구석이 아림을 느끼곤 했다. 활기찬 활약을 기대하고 싶은 경우가 종종 있었는데, 그는 그때마다 차분하게 수습하는 선에서 머물렀다. 그 연유는 그의 건강이 결코 무리를 해서는 안 되는 상태였기 때문이었다. 구체적으로 과거 간경화를 앓았기 때문이었다. 그런 와중에 그는 녹색대학 일선에서 지던 짐을 나와 함께 내려놓은 연후 얼마 안 있어 광주 지혜학교를 설립하고자 나선 것이었다. 그즈음 그는 내게 지혜학교 법인의 이사장 직분을 제안하였고, 자신은 교장을 맡아 선두 지휘를 하겠다고 자청했다. 그는 지혜로울 뿐만 아니라 가슴이 무척 따뜻한 사람이기에 그 어느 누구보다도 교장 역할을 잘 할 것이라고 여겼지만, 나는 그 제안을 당연히 사양했다. 그 직책은 학교 건립과 운영에 필요한 초기 재원을 만들어 내는 데 앞장설 지역 인사가 맡는 게 순리라고 생각했기 때문이었다. 크나큰 아쉬움이 있다면 2선의 직분일지언정 이사를 맡았으니 그 역할이라도 감당했어야 하는데, 그렇지 못했다는 점이다. 이는 내가 서울서 할 일이 따로 있어 실질적 도움을 주지 못한 데 따른 것이었다. 그럼에도 지혜학교가 많은 이들의 노고 속에 설립 취지에 맞춰 순항하게 되었으니 참으로 반가운 일이었다.

그리고 얼마간 세월이 지났을 때, 마음 한 켠에 다소 염려하였던 바의 소식이 들려왔다. 큰 병원에 입원하여 수술을 받게 되었다는 것이다. 더 이상 간을 쓸 수 없는 지경에 이르렀고, 이를 애처롭게 여긴 둘째 아들 바우가 기꺼이 간이식을 해주기로 해서 수술에 들어가게 되었다는 전언이었다. 생을 조만간 마감하느냐 아니면 다시 소생의 기운을 얻느냐의 기로였다. 물론 병약한 상태에서 이루어지는 고난도의 수술이어서 소생 확률은 낮았다. 걱정이 들었지만, 어찌 할 것인가.

이때 나는 작은 교회의 장로라는 직분을 받은 상태였다. 비록 철학자이지만 어느덧 주님이 내 안에 오셔서 나를 자녀로 삼으셨기에 신실한 믿음을 갖게 된 것이다. 우리 교회에는 담임목사님을 비롯하여 여러 기도꾼들이 계셨으므로 특별히 기도 부탁을 드렸고, 나 또한 누차 아산병원 병실을 찾아가 힘차게 기도했다. "나의 주 하나님이여! 주의 진실한 자녀이자 나의 벗인 김창수를 살려주세요!"라고 외쳤다. 그래서 이 외침은 김창수 교장에게 한 편의 시가 되었다. 3부에 있는 「환생」이 그것이다. "명부 맨 끝에 김창수라고 적힌 이름 보여주며/가야 한다고 이제는 갈 때라고 길을 독촉할 때//(…)주님 김창수를 살려주세요/익숙한 얼굴들 몰려와/김창수를 살려주세요 목청껏 청원이었다/한면희 교수 선창 따라(…)"가 여러 시 가운데 하나로 지어졌다. 그리고 마침내 김창수의 시집 『당신 앞에서는』이 탄생

한 것이다.

　병상이니만큼 고난은 불가피했다. 1부 「복수腹水」에서 "잉태한 여인의 배만 불룩한 것이 아니다./간경화 합병증으로 풍선처럼 부풀어 오른 배는/생명이 꺼져가며 배 속에 흘린 눈물"이라고 읊고 있다. 병상서 겪는 회한의 절정은 한강 옆의 병원이었으니 3부 「한강」에서 "간이식 수술, 심장판막 수술, 뇌 수술 후유증으로/100일을 채워도 모자라는 기도는/저어기 흐르는 강물이 맥박으로 되살아나고/(…)/세례자 요한이 요단강에서 세례로 예수를 모신 것처럼/하늘을 우러러 기뻐하며 모시는 감사가 조금이라도 모자랄까."로 나타난다. 그러나 거기서 그는 하늘에 계신 예수의 숨결이 한강으로 전해져 자신의 맥박을 뛰게 하는 것으로 느꼈으니 마침내 그의 생은 연장된 것이다.

　근원으로서 생의 축복은 하늘로부터 오지만, 실존적 기쁨은 가까이에서 강렬할 수밖에 없다. 천상배필과 가족에 대한 사랑은 고요히 감추어진 채로 드러난다. 5부 「아플 때만」에서 "아플 때만 내 남편이라는/아내의 말에/반백 년 결혼 생활 뒤돌아보니/구구절절 하나도 어긋나지 않지만/(…)/위로를 받습니다." 그리고 이어진다. "아플 때만 우리 아빠였다는/자식들 말에/(…)/가슴 저미지만/아이들 몸과 마음 건강케 해주소서/기도만 간절해집니다."

　김 교장의 성품이 본래 그랬지만, 하늘의 도움으로 회복된 삶이었기에 그의 눈길은 더욱 사랑을 담아 이웃 병상으로 향하기 일쑤이다. 5부 「중앙주사실」에서 이렇게 기도한다. "소아암 치료 받느라/혈관이 잘 나오지 않는 그 여린 손등과 팔에/주삿바늘 여기저기 꽂힐 때/자지러지는 너의 비명 소리//선 자리에서 눈물 저절로 나오고/두 손 모아 기도가 절규로 나올 때/주여, 저를 데려가시고 저 아이는 살려주세요"

시집 출간이 다소 늦춰졌다. 아마도 나 때문일 것이다. 김 교장이 내게 전화를 걸어 조만간 시집을 내는데, 발문을 써달라는 요청을 한 시기는 2024년 가을 무렵이었다. 병색이 느껴지는 목소리였기에 사양할 수 없었다. 그렇게 해서 거의 다 쓰인 시를 받았을 때가 늦가을이었다. 시인이나 문학평론가도 아닌 철학자가 발문을 어찌 쓰는가 하고 궁리하고 있던 차에 12·3계엄령이 발동되었고, 곧바로 국회의 탄핵 소추가 진행되면서 나라가 혼돈 양상으로 빠져들었다.

근 10년 전부터 나는 아내와 함께 새벽예배를 다니고 있는데, 특히 최근 들어 주님이 내 기도 가운데 찾아오셔서 마음의 감동을 주시고 있음을 감지하고 있었다. 너의 나라, 네 민족의 운명이 경각에 달렸으니 깨어 기도하라는 것과 옛적 이스라엘이 노역살이 애굽서 나와 약속의 땅 가나안으로 입성한 것처럼 네 민족의 새 길을 여는 데 나서라는 것으로 받아들여졌다.

이럴 때 나는 기억을 되살리고 또 옛 수첩을 뒤적이곤

한다. 2014년 새해를 맞는 송구영신 예배를 드리고 마친 후에 말씀 뽑기를 하였는데, 사도행전 7장 34절 말씀이었다. "내 백성이 애굽에서 괴로움 받음을 내가 확실히 보고 그 탄식하는 소리를 듣고 그들을 구원하려고 내려왔노니 이제 내가 너를 애굽으로 보내리라 하시니라."는 구절이었다. 그리고 탄핵 정국으로 나라가 온통 혼란으로 들끓고 있어 기도 가운데 받은 감동을 새기면서 2025년 송구영신 예배 후 말씀 뽑기를 행하였고, 그래서 받은 것이 이사야서 62장 10절이었다. "성문으로 나아가라, 나아가라! 백성이 올 길을 닦으라. 큰 길을 수축하고 수축하라! 돌을 제하라. 만민을 위하여 기치를 들라."는 말씀이었다. 이런 까닭에 나는 동역자 두 분과 더불어 세상을 일깨우는 책을 빠르게 출간하기로 결정하면서 시집 발문 쓰기를 잠시 내려놓았다. 나름 시대를 깨우는 원고를 탈고하였고, 헌재 판결이 나기 직전이었으며, 그대로 출판사로 넘겼다. 그런 와중에 나는 종종 새벽예배에서 나의 벗 김창수를 기도 주제로 올려드리곤 했다. "주님 말씀을 먼저 받드오니 그 사이 내 친구 김창수 아무 일 없게 해주시고, 바라옵기는 더 건강케 해주소서!"

금년에 칠순을 맞이한 나는 나이 탓인지 겨울을 지내면서 봄이 빠르게 오기를 기다리는 편이다. 봄이 오면, 나무마다 수액이 위로 오르고, 뒤이어 연둣빛 잎이 싹트며, 연이어 꽃이 화사하게 피어난다. 그래서 봄이 좋다. 특히 금

년은 더욱 봄을 기다렸다. 내 민족이 역경을 이겨내고 빛이 비취는 새 길로 들어서기를 기원한다. 그리고 나의 벗 김창수가 기운생동으로 다시 피어나기를 기원한다. 요즈음 유독 가까이 되뇌는 성경 말씀이 있다. "네가 땅에서 무엇이든 매면 하늘에서도 매일 것이요 네가 땅에서 무엇이든지 풀면 하늘에서도 풀리리라." 이 말씀을 자주 떠올리는 까닭은 내가 몹시 부족한 사람이었기 때문일 것이다. 그래서 애를 쓰고 또 써 본다. 그리고 김창수를 위해 기도를 올린다. "주님! 김창수는 살아생전에 매고 풀고 할 것을 앞장서 하였지만, 사람인지라 여전히 부족하여 남은 일이 적지 않을 터이니 마저 더 채우게 힘을 주시옵소서!" 이 글이 나의 벗을 위한 것이기에 시집의 발문이어도 좋고 또 기도문이어도 좋다.

당신 앞에서는
- 병상의 노래

초판1쇄 찍은 날 | 2025년 7월 22일
초판1쇄 펴낸 날 | 2025년 7월 29일

지은이 | 김창수
펴낸이 | 송광룡
펴낸곳 | 문학들
등록 | 2005년 8월 24일 제2005 1-2호
주소 | 61489 광주광역시 동구 천변우로 487(학동) 2층
전화 | 062-651-6968
팩스 | 062-651-9690
전자우편 | munhakdle@daum.net
블로그 | blog.naver.com/munhakdlesimmian

ⓒ 김창수 2025
ISBN 979-11-94544-16-6 03810

- 잘못된 책은 바꿔드립니다.
- 이 책 내용의 전부 또는 일부를 재사용하려면
  반드시 저작권자와 문학들의 동의를 받아야 합니다.
- 책값은 뒤표지에 표시되어 있습니다.